6 32.

HISTOIRE

DE FRANCE.

1re LIVRAISON.

HISTOIRE

DE FRANCE,

DEPUIS

JUILLET 1830 JUSQU'A LA FIN DE 1834,

CONSIDÉRÉE SOUS LES RAPPORTS POLITIQUE,
INDUSTRIEL ET LITTÉRAIRE.

Par M. Ch. Villagre.

TOME PREMIER.

PARIS,

IMPRIMERIE DE J.-A. BOUDON,

131, RUE MONTMARTRE.

1834.

HISTOIRE DE FRANCE.

~~~~~~

CHAPITRE PREMIER.

.Ordonnances de Juillet, Révolution de 1830.

Le gouvernement de la restauration, rétabli par les baïonnettes étrangères, frois-
sait trop vivement l'honneur national,
pour qu'il lui fut possible de se maintenir,
s'il ne donnait à la France un peu de liberté, s'il n'exécutait franchement la Charte
qu'il lui avait donnée. Voilà quelle était,
en 1830, la position du pouvoir vis-à-vis
de la France ; avec les progrès que le libéralisme avait faits dans toutes les classes
~~~~~~

de la société, avec une liberté de discussion qui s'arrogeait le droit d'examiner un à un tous les actes de l'administration, en un mot, avec nos mœurs politiques, la branche aînée, chargée d'antécédens aussi fâcheux que ceux qui pesaient sur elle, ne pouvait se soutenir dans un pays où les idées libérales avaient jeté de si profondes racines, qu'à condition qu'elle respecterait le peu de garanties dont elle avait doté la France. Le prestige qui autrefois environnait la royauté s'était entièrement effacé. Le droit divin des rois n'était plus qu'un mot vide de sens pour des hommes qui mettaient avant tout le reste, les principes et les institutions. On n'examinait plus que la valeur morale de la royauté, et celle-ci ne pouvait se promettre quelqu'ascendant sur l'esprit des peuples et quelques chances de durée, qu'autant qu'elle ferait éclater, par un divorce absolu et définitif avec les institutions du passé, ses sympathies pour un régime nouveau en harmonie avec les besoins et les progrès de notre société nouvelle.

C'est ce que Charles X ne comprit pas, c'est ce qu'il ne devait pas comprendre. Élevé dans les principes du pouvoir absolu, convaincu que sa puissance était antérieure et supérieure à toutes les autres puissances, que conséqemment toutes les autres devaient se briser contre la sienne, comment aurait-il pu souffrir, que deux fois la chambre élective lui lançât un blâme sévère, qu'elle lui refusât deux fois son concours, sans qu'il eût conçu l'idée de briser cette résistance opiniâtre et de fermer la bouche à des hommes qui parlaient de respect

pour la constitution, quand il avait ex-
primé sa volonté en termes si formels, et
qu'à plusieurs reprises, il l'avait proclamée
immuable; cela ne pouvait être. Le caractère personnel du roi, les préjugés de son
éducation, tout s'y opposait. La première
faute que commit Charles X, fut de céder
à ses affections, plutôt que de consulter
ses intérêts, quand il prit pour ministres
des hommes que la nation avait flétris du
nom d'impopulaires. En vérité, c'était une
démarche imprudente et faite pour lui alié-
ner les esprits, que de choisir pour ses con-
seillers intimes, Polignac, dont les sympathies pour l'ancien régime étaient si
connues; Peyronnet, encore si célèbre par
sa loi de justice et d'amour. Sa seconde
faute consista à ne pas savoir s'arrêter à
temps, en dépit des vives et pressantes

réclamations de la chambre élective. Enfin, sa dernière faute, qui fut la violation de toutes les garanties consacrées par la Charte qu'il avait jurée, ne fut que la conséquence des deux premières. Il est évident que décidé comme il l'était à conserver les ministres de son choix et à braver les représentations des autres pouvoirs de l'état, il était, dis-je, évident que pour atteindre son but, il ne reculerait devant aucune mesure. Dans ces signes et dans ces symptômes, il était impossible qu'un observateur attentif ne découvrit pas le germe d'une prochaine et inévitable révolution.

En effet, à mesure que croissaient les prétentions de la royauté, les prétentions de la bourgeoisie et des masses grandissaient aussi. A chaque défi lancé par le pouvoir, à chaque menace de lois arbitraires, à chaque révélation échappée au minstère sur ses projets ultérieurs de coups d'état, les organes de la presse libérale répondaient par des prédictions sinistres, par de menaçantes prophéties, par d'énergiques protestations contre des tentatives dont le but avoué n'était rien moins que de nous ravir d'un seul coup de main des conquêtes achetées par quarante ans de sacrifices, de luttes, de combats, et en attendant que l'insurrection descendit dans la rue, elle éclatait déjà dans la presse, dans la chambre des pairs et des députés, laissant ainsi la royauté impuissante et presque isolée au milieu des mécontentemens qui chaque jour s'accumulaient autour d'elle.

Parmi les organes influens de la presse libérale, nous en avons vu plusieurs, depuis cette époque, faire volte-face aux principes qu'ils défendaient alors avec un talent et une énergie au-dessus de tout éloge. Il en est plusieurs qui depuis ont déserté les doctrines dont ils étaient alors les plus fermes appuis, pour se lier à un gouvernement qui marche sur les même traces que celui qui l'a précédé. Je déplore amèrement cette déviation fatale, qu'elle soit, chez ces hommes, une erreur de l'esprit, le résultat d'un calcul personnel, ou peut-être, ce qui n'est que trop commun à certains esprits d'ailleurs très-élevés, l'impuissance de comprendre toute la portée d'une situation nouvelle. Je n'examinerai point ces diverses questions. Mais ce qu'il m'importe de signaler, ce sont les services importans que la presse opposante nous a rendus pendant la restauration ; à cet égard, nous devons au *Constitutionnel*, au *journal des Débats*, une mention très-honorable, et une reconnaissance sans bornes. Grâce à leur prodigieuse influence, au talent marqué de leurs rédacteurs, à la clientelle immense qu'ils surent acquérir, nous avons vu se répandre partout avec une étonnante rapidité, les élémens et les principes du gouvernement représentatif,

Nous ne devons pas moins de reconnaissance à la chambre des députés, pour la fermeté qu'elle déploya dans cette circonstance solennelle ; pour une chambre dont l'origine était suspecte, pour une chambre émanée d'une loi électorale fondée sur des bases extrêmement étroites, élue sous l'influence du double vote et de fraudes électorales alors trop communes, on peut dire, sans crainte d'être démenti, qu'elle a rem-

pli sa mission au profit des intérêts populaires. Si on se reporte à cette époque, on
se souvient que le nom des deux cent vingt-
un était dans toutes les bouches, qu'il était
colporté dans toute la France par l'enthousiasme des journaux et des brochures.
Sans contester les droits qu'ils avaient acquis aux suffrages du public, aujourd'hui
que l'éloignement des événemens que nous
racontons nous permet de jeter un regard
plus froid et plus calme sur des hommes
alors environnés d'un éclat et d'un prestige qui nous empêchaient de les juger
avec justesse et impartialité; aujourd'hui
nous mettrons des bornes à nos éloges et
des restrictions à nos sympathies. Sans
doute, ils méritent notre reconnaissance,
elle leur est acquise, puisque c'est à eux,
à leur opposition, à leur refus de concou-

cir au maintien du système existant, que nous sommes redevables d'une révolution faite au nom de la souveraineté nationale. Mais dire qu'ils avaient conscience de la portée de leur opposition, des conséquences de leur conduite, dire que c'est sciemment qu'il ont entraîné la royauté au coup d'état où elle s'est brisée; dire qu'en refusant leur concours, ils avaient précisément en vue ce qui s'est réalisé, savoir le renversement du trône par une révolution, c'est ce qui n'est pas soutenable, c'est ce que démentent de la manière la plus forte et la moins contestable, leurs opinions connues, leur attachement à la légitimité, et plus que tout le reste, leur position de riches propriétaires et d'industriels opulens, position qui naturellement devait leur inspirer un éloignement invincible pour tout bouleversement social. Que ces hommes, appréciant les progrès de la civilisation en France et les exigences de l'époque ou ils vivaient, aient voulu l'entière exécution de la Charte de 1814, parce qu'ils y voyaient un moyen de concilier pacifiquement les prétentions rivales du peuple et de la royauté, c'est ce dont il n'est guère permis de douter; aujourd'hui, que l'expérience nous a éclairés sur ce point, nous pouvons juger combien ils se faisaient illusion sur la valeur et les chances de durée de cette Charte qui, par son article 14, mettant toutes nos garanties à la disposition du pouvoir, devait tôt ou tard développer des germes de discorde entre le roi et la nation, et amener une lutte sanglante. Mais enfin quelque peu fondée que fut cette opinion, c'était la leur; leur sagacité n'a jamais été jusqu'à prévoir les événemens qui se sont passés bientôt après, on peut affirmer qu'ils s'accompli- rent à leur insçu, et qu'ils dépassèrent tout- à-fait leurs prévisions.

Quant à la chambre des pairs, assemblage de tout ce qu'il y a eu de plus souple et de plus obséquieux sous tous les régimes, nous n'attacherons pas aux velléités d'opposition qu'elle manifesta alors plus d'importan- ce qu'elles n'en méritent.

Mais tout en faisant à chacun la part de l'éloge et de la critique, constatons un fait qu'il est imposible de contester et de détruire, c'est que la coalition et les efforts simultanés de la presse, de la chambre des pairs et des députés ont produit la révo- lution de 1830, en amenant les choses au point qu'une collision devenait inévitable.

Le peuple dont l'éducation politique

était déjà très-avancée, sympathisait avec eux et applaudissait à leurs efforts.

Examinons maintenant quelle était la force et la consistance du parti opposé.

Sans doute la royauté comptait encore dans les chambres de chauds partisans, qui donnaient à sa conduite une approbation encourageante. Mais à côté d'un petit nombre d'hommes qui la poussaient dans des voies de violence et de réaction, se pressait une imposante majorité, riche en talens et en influence. La partie de la presse qui était alors au service du système monarchique ne manquait pas de finesse et d'habileté. Mais les doctrines qu'elle cherchait à ressusciter étaient réprouvées trop hautement par l'esprit public, et trouvaient trop peu d'échos dans la nation, pour qu'elles pussent contrebalancer l'effet des

attaques lancées par la presse indépen-
dante. Tandis que l'une se constituait l'organe d'idées vieillies, d'institutions dé-
créditées, l'autre s'élevant à la hauteur d'une
mission progressive et civilisatrice, dé-
fendait avec chaleur et persévérance, les
droits que nous avions conquis, la liberté,
l'égalité, et toutes ces existences nouvelles
qu'avait créées l'industrie.

Parmi les ministres, pas un homme d'é-
tat, pas la moindre prévoyance de l'avenir.
Il ne suffisait pas d'avoir un plan fixe, un
système arrêté. Il fallait de plus pourvoir
à son exécution par tous les moyens que la
prudence suggère; il fallait calculer ses
chances de succès; puisqu'ils se proposaient
de rompre violemment avec tous les principes du gouvernement représentatif, de
les briser comme un obstacle, de recourir

à un coup d'état, à une mesure vigoureuse et décisive qui tranchât subitement toute difficulté, il est visible, que dans l'état de l'opinion publique, ils devaient s'environner de toutes les précautions propres à calmer l'irritation profonde que le peuple ne manquerait pas de ressentir en se voyant dépouillé des garanties dont il était en possession. Vouloir de l'arbitraire, sans s'assurer des ressources suffisantes pour faire fléchir les volontés rebelles, en vérité c'est une conduite qu'on ne peut ni expliquer, ni comprendre, c'est une folie; et qu'on n'objecte pas, que des événemens aussi graves n'étaient point entrés dans leurs prévisions, et qu'ainsi, ils se crurent dispensés d'un plus grand déploiement de forces militaires. Cette réponse est moins une justification qu'une critique amère,

puisqu'elle démontre qu'ils ne connais-
saient pas l'esprit de la population et l'état
de l'opinion publique; et qu'ils voulaient
inaugurer le despotisme, s ans avoir fait
une revue des ennemis que cette tentative
pourrait leur susciter.

Ainsi, parmi les ministres, pas un seul
homme qui sût maîtriser les événemens
et exploiter, au profit de la royauté, la crise
qui se préparait. De plus, pas un seul homme populaire; qu'y voyons-nous? Polignac,
le champion le plus entêté du jésuitisme et
de l'ancien régime, qui refusa de prêter
serment à la Charte, et dont la complète
nullité aurait dû, d'ailleurs, l'exclure du
maniement des affaires publiques où il ne
pouvait jouer qu'un rôle déplacé et ridicule,
Peyronnet, dont le nom se liait à une époque de servilisme, et à des lois conçues

dans un esprit antipathique à notre siècle ; Bourmont dont la désertion à Water-
loo , était sévèrement jugée en France , où
le respect des lois de l'honneur est mis au
premier rang des qualités du citoyen et du
militaire ; c'est à de tels hommes qu'était
confiée la direction du cabinet. Certes, un
personnel administratif formé de pareils
élémens , n'était-il pas une déclaration de
guerre et un défi jeté à la grande majorité
des Français qui sentait le besoin d'institutions libres.

Et si l'on en excepte quelques rejetons
de l'ancienne noblesse, qui aveuglés par
l'affection ou l'intérêt personnel , font
cause commune avec le monarque, si on
en excepte quelques niais qui répètent
qu'il faut en finir avec les factions , si on
en excepte quelques hommes honorables

qui pensent que la légitimité est un principe trop utile à la prospérité de l'état, pour qu'on puisse impunément lui résister; quelle voix, dans le peuple, appuyait les mesures liberticides qui étaient préparées? quels bras voulaient en défendre l'exécution? Ainsi, dans les masses, opposition formelle au système dynastique, Il n'y avait pas loin de là à une protestation armée, et quand Charles X osa prononcer ces paroles qui donnèrent l'éveil à tous les esprits : Ma volonté est immuable, l'homme le moins prévoyant pouvait se dire, que la chute de la royauté allait suivre de près cette imprudente menace, et que le résultat de la lutte qui allait éclater ne pouvait être long-temps douteux.

Que pouvait en effet une poignée d'hommes épars, isolés, dépourvus de direction, incapables de généraliser leurs efforts et de prendre une détermination commune, que pouvaient-ils contre le libéralisme, organisé en sociétés secrètes, reconnaissant des chefs, étendant partout leurs ramifications, environnant la France d'un immense réseau? Avec une pareille organisation, le libéralisme, aurait pu triompher, quand il n'eut pas eu pour lui l'avantage de la force numérique; que ne pouvait-il pas quand il éveillait sur tous les points du territoire de vives et d'unanimes sympathies.

C'est dans ces circonstances que les ordonnances de juillet furent promulguées, les ordonnances de juillet, le résumé de toutes les rancunes de l'aristocratie et du jésuitisme, la réalisation de toutes les violences qu'ils avaient conseillées dans leur mandemens, dans leurs journaux, dans leurs conciliabules, le monument de la haine profonde qu'ils n'avaient cessé de nourrir contre nos jeunes institutions. C'en était fait : les principes fondamentaux de la Charte étaient foulés aux pieds, la censure était remise en vigueur; la liberté de la presse, la plus belle acquisition des temps modernes, la plus puissante sauvegarde de la liberté contre les envahissemens de l'arbitraire, la plus précieuse et la plus vitale de nos institutions; puisqu'avec elle, nous pouvons arriver à la destruction de tous les abus et à la conquête de toutes les réformes, la liberté de la presse était supprimée comme incompatible avec le régime qu'on nous préparait. La législation électorale qui nous régissait et qui rendait si difficile le droit d'élire et d'être élu, parut conçue dans un esprit trop large et trop libéral; il fallait que la représentation nationale devint inaccessible au travail , à l'industrie, à la capacité. La carrière ne devait rester ouverte qu'aux grands propriétaires , qu'à ceux dont les intérêts s'identifiaient avec ceux de la royauté, et qui, pourvu que leurs avantages matériels demeurassent intacts , tiendraient peu de compte des avantages moraux de la nation.

Ainsi cette charte octroyée, ces concessions qu'on n'avait pas cru pouvoir se dispenser de faire, ces lambeaux de liberté constitutionnelle , que Louis XVIII nous avait jeté pour se frayer un chemin au trône, et comme une transaction entre les intérêts du passé et ceux du présent , tout cela nous avait ravi ; et on était tombé dans un tel aveuglement, on était frappé d'un tel vertige, qu'on ne se rendait pas compte de sa position. On ne songeait pas que ces murmures qui avaient accueilli les Bourbons à leur retour, et qu'ils n'avaient pu apaiser que par l'octroi d'une charte, allaient recommencer plus menaçans encore, et finiraient par une épouvantable castastrophe.

Tout homme sage et prévoyant, qui se fut trouvé à la place de Charles X, eût maintenu la charte de 1814, et en eut accepté les conséquences, si ce n'est par attachement à la liberté, du moins par politique et dans l'intérêt bien entendu du salut et de l'avenir de la royauté. Demander l'extension des principes qu'elle contenait, c'eût été, j'en conviens, être par trop exigeant envers la branche aînée, qui n'avait accordé cette charte qu'à contre cœur et maitrisée par l'empire des circonstances. Mais je le répète, la prudence la plus vulgaire devait leur conseiller le plus profond respect pour cette charte, sans laquelle le chemin du trône leur aurait été à jamais fermé, et dont le maintien ou la destruction devenait alors, plus que jamais, une question de vie ou de mort. Louis XVIII l'avait compris. Louis XVIII, malgré son goût pour le despotisme, malgré les préjugés de son éducation, malgré les sollicitations pressantes et les prétentions intéressées de la noblesse qui voulait recouvrer ses priviléges et ses distinctions, Louis XVIII, doué d'un coup d'œil juste et d'un tact parfait, avait senti qu'il était dangereux de froisser trop vivement les exigences populaires, et quoique, dans le fond, nul ne portât plus loin que lui, l'amour du despotisme, il respecta les formes du gouvernement représentatif. Il montra pour cette charte une affection toute paternelle; il la regarda non comme une œuvre transitoire et passagère, que les circonstances lui avaient imposée, et dont les effets devaient cesser tôt ou tard, non seulement comme un gage de sûreté personnelle, mais comme une question d'où dépendait l'avenir de sa dynastie. Mais cette charte, en ouvrant par son article 14, une large carrière aux empiétemens du despotisme, portait en elle le germe d'inévitables et sanglantes collisions. Il suffisait qu'il se rencontrât dans cette dynastie un homme qui voulut user de cette faculté exorbitante, pour rendre la branche aînée tout entière victime de cet acte d'imprudence et de folie ; cet homme, fut Charles X.

Prétendait-il en agissant ainsi, suspendre la constitution, ou bien substituer à jamais au régime légal, le régime de l'arbitraire? Cette infraction à la charte devait-elle être seulement momentanée, provisoire, ou bien comptait-il en faire l'état normal, définitif de la sociéte? La solution de cette question ne saurait être un instant douteuse, si l'on réfléchit à la profonde antipathie qu'il avait toujours manifestée pour la charte, si l'on songe qu'il ne l'avait acceptée que comme un pis-aller, qu'il l'avait subie comme un affront qu'on dévore en silence et auquel on paraît se résigner, en attendant que des circonstances favorables permettent de secouer un joug importun. La question sera moins douteuse encore, si l'on songe que depuis long-temps la noblesse fondait sur lui ses plus hautes espérances, et qu'au milieu du dépit et du désenchantement que lui faisait éprouver ce qu'elle nommait le libéralisme de Louis

XVIII, elle tenait ses regards fixés vers le comte d'Artois, comme vers le messie qui devait la conduire dans la terre promise, qui devait faire sortir de ses ruines l'edifice féodal. Enfin ce qui ne permet aucune incertitude sur ce projet, c'est son obstination à laisser à la tête des affaires des hommes que la notoriété publique désignait comme les plus chauds partisans d'idées rétrogrades et réprouvées par la nation. A ces signes, l'homme le moins pénétrant ne pouvait se méprendre sur les intentions de la royauté et sur l'esprit dans lequel étaient conçues les ordonnances de juillet (1).

(1) Les passages suivans extraits textuellement du rapport qui précèdait les ordonnances, démontrent invinciblement que le but de la royauté n'était pas de suspendre temporairement le régime légal, mais qu'il entrait réellement dans ses vues de constituer l'arbitraire d'une manière durable et permanente.

Et déjà circulaient de toutes parts des murmures confus, avant-coureurs de l'o-

Il résulte des principes absolus et généraux contenus dans ces divers passages, qu'il ne s'agissait pas de parer, par des mesures transitoires, aux inconvéniens de la situation où se trouvait la royauté vis à vis du pays, mais qu'il était question de décréter à jamais l'abolition de la liberté de la presse, la non participation des classes moyennes à l'exercice des droits politiques, en un mot de substituer à jamais le despotisme aux garanties consacrées par la Charte.

..... L'expérience, sire, parle plus hautement que les théories. Des hommes éclairés sans doute, et dont la bonne foi d'ailleurs n'est pas suspecte, entrainés par l'exemple mal compris d'un peuple voisin, ont pu croire que les avantages de la presse en balanceraient les inconvéniens, et que ces excès se neutraliseraient par des excès contraires. Il n'en est pas ainsi; *l'épreuve est décisive*, et la question est maintenant jugée dans la conscience publique....

Est-il possible de dire d'une manière plus claire, plus formelle, que la liberté de la presse est, de sa nature une institution désastreuse, malfaisante, féconde en résultats funestes? Ceci n'est point une opi-

rage qui allait éclater. Les ordonnances avaient paru le 25 juillet, et déjà le 27, les hostilités avaient commencé. La lutte s'était engagée, acharnée, ardente, entre les citoyens et les troupes royales. Ce serait une tâche immense, un travail dont la longueur dépasserait de beaucoup les bornes de cet ouvrage, que d'enumérer tous les actes de courage et de dévouement de la population parisienne, de suivre l'école polytechnique, qui donna la première le signal de l'insurrection, dans ses efforts pour assurer le succès d'une révolution où elle joua un rôle si brillant par sa prudence et sa valeur. Et d'ailleurs en retraçant les

nion relative à des circonstances spéciales, mais comme je l'ai déjà dit, un principe absolu, une doctrine générale, qui ayant pour elle la sanction et l'autorité de l'expérience, devait dans tous les temps recevoir son application.

scènes de ce drame magnifique, ne serais-je pas nécessairement incomplet? Pourrais-je éviter, dans ce récit, de nombreuses et d'importantes lacunes? Comment déchirer le voile qui nous cache le nom de tant de citoyens, combattant sur tous les points, se multipliant en quelque sorte, inoculant partout l'ardeur dont ils étaient animés et tombant martyrs de la liberté sans attendre d'autre récompense de l'énergie qu'ils mettaient à la défendre que la gloire d'avoir concouru à son triomphe, et l'espoir qu'ils n'avaient pas vainement arrosé de leur sang le sol de la patrie (1). Cependant

(1) Nous empruntons les principaux faits de la révolution de 1830 à un écrivain qui les a racontés avec assez d'exactitude.

Le 27, Mangin fit afficher une ordonnance portant défense aux établissemens publics de recevoir et donner à lire les journaux indépendans qui ose-

que faisait le roi pendant cette lutte, au milieu de circonstances aussi graves ? Avait-

raient braver le coup d'état qui venait d'être
frappé. En même temps les commissaires de police
et les gendarmes assiégeaient les bureaux des feuil-
les libérales pour saisir les presses, briser les formes
et violer les dépôts à force ouverte. Partout les rédacteurs refusèrent d'obéir, il fallut briser les ser-
rures pour pénétrer dans les imprimeries.

Pleins de confiance dans la magistrature, plusieurs
journalistes se hâtèrent de présenter requête à M. de
Belleyme, président du tribunal de première ins-
tance, qui rendit sur le champ cette ordonnance de
référé.

Attendu que l'ordonnance du roi du 25 juillet relative à la presse périodique, n'a pas été promulguée
selon les formalités prescrites par l'article 4 de l'ordonnance du 27 novembre 1826, et par l'article premier de l'ordonnnance du 18 janvier 1817.

Que d'ailleurs il est juste d'accorder aux journaux
existans les délais nécessaires pour user du bénéfice
de l'article 2 de la dite ordonnance, et qu'une in-
terruption dans la publication porterait préjudice.

il senti le besoin des concessions ? Avait-il eufin ouvert les yeux sur l'étendue des dan-

Ordonne que le sieur.... procédant à la composition et à l'impression du journal.... qui doit paraître demain , ce qui sera exécuté par provision , comme ordonnance du référé sur minute , et avant l'enregistrement et dépôt au greffe.

Signé DE BELLEYME.

Les journaux parurent donc, contenant une énergique protestation des rédacteurs.

Cependant des groupes nombreux se forment dans le jardin du Palais Royal ; les journaux indépendans se distribuent de tous côtés ; comme la veille, des orateurs montent sur des chaises , sur des tables, ils rappellent aux citoyens leurs droits méconnus. Comme la veille , la force armée se présente , et parvient à repousser la foule hors du jardin qui est aussitôt fermé ; mais cette fois la foule ne se sépare pas, elle augmente au contraire à chaque instant, et toutes les rues environnantes ne tardent pas à être encombrées. Bientôt les gendarmes à pied et à cheval s'efforcent de repousser les citoyens, et suivant trop

gers qui le menaçaient? L'expérience l'avait-elle enfin convaincu qu'il n'avait pas af-

fidellement les ordres qu'ils avaient reçus, chargent le peuple sans défense ; plusieurs tombent ; de toutes parts s'élève un cri d'indignation, deux voitures de briques destinées aux constructions du Palais Royal sont prises par le peuple, une grêle de projectiles est lancée sur les gendarmes, insensiblement l'affluence augmente ; de tous côtés les gendarmes reçoivent du renfort ; les charges se succèdent avec rapidité.

A huit heures, la foule était immense. Quelques pavés avaient été arrachés pour arrêter les charges de cavalerie. Ce fut alors que les gendarmes commencèrent la fusillade dans la rue St-Honoré ; la première décharge fit de nombreuses victimes parmi les jeunes gens de l'Ecole de Droit. De tous côtés on crie des armes ; en un instant les magasins des armuriers sont envahis.

Pendant ce temps, les habitans de toutes les rues où les charges ont lieu garnissent leurs fenêtres de tuiles, de pavés, de fragmens de bouteilles ; la résistance s'organise ; des barricades s'élèvent, et, à l'afaire à une poignée de factieux, mais à une population toute entière , déterminée à

bri de ces retranchemens , les jeunes gens, qui ont pu se procurer des fusils , font un feu continuel sur la troupe.

Les troupes sentaient déjà l'impossibilité de continuer dans l'obscurité un combat qui leur avait été si funeste , elles se retirèrent , et le feu cessa ; mais cette soirée fut décisive, et déjà le pouvoir devait sentir que force resterait à la loi.

Le 28 , dès le matin , le peuple prend l'offensive ; il a pénétré dans l'Hôtel-de-Ville ; la garde royale, qui veut les repousser, est forcée elle-même de se retirer vers le quai. Mais en ce moment une troupe d'ouvriers débouche par la rue Notre-Dame ; les gardes royaux, cernés, cherchent à se faire jour à la bayonnette ; quelques-uns seulement parviennent à se sauver.

Cependant Raguse avait été investi du commandement. Paris avait été déclaré en état de siège. Des régimens nouveaux avaient été introduits pendant la nuit ; deux mille hommes de troupes sont dirigés vers l'Hôtel-de-Ville ; le feu s'engage ; les artisans n'en sont

reconquérir ses droits? Non, point de concessions, il voulut être obstiné jusqu'au

pas intimidés. Les habitans de la place font pleuvoir
les tuiles et les pavés sur les troupes ; la place est
bientôt couverte de cadavres. Mais le canon de l'en-
nemi fait aussi d'épouvantables ravages dans les rangs
des patriotes. Après une heure de combat, les ouvriers retranchés dans l'Hôtel-de-Ville, manquant
de cartouches, sont obligés d'abandonner le poste.

Les troupes royales ne devaient pas jouir long-
temps de ce faible succès. Pris et repris trois fois,
l'Hôtel-de-Ville fut occupé définitivement par les
braves Parisiens.

Sur d'autres points, la cause nationale triomphait.
La population de la rive gauche, guidée par les élè-
ves de l'Ecole Polytechnique, et de l'Ecole de Droit
et de Médecine, s'était armée dès le matin. Bientôt
la poudrière d'Ivri était tombée au pouvoir des citoyens; on délivrait les militaires détenus à l'Ab-
baye, et on les prenait pour chefs. La liberté fut
aussi donnée aux détenus pour dettes à Ste-Pélagie ;
il s'y trouvait plusieurs officiers qui rendirent d'uti-
les services au peuple.

bout. Ni les conseils de la prudence, ni l'impossibilité évidente de tenir tête à une

Tandis qu'on se battait dans les rues de Paris, nos citoyens avaient arboré le drapeau tricolore sur les tours de Notre-Dame. Le soir, la fusillade générale cessa. Déjà le désavantage des troupes était marqué. La garde refusait le service ; les officiers, après des invitations réitérées, ont eu souvent recours aux coups de crosse.

Ce fut dans la nuit du 28 au 29 que furent exécutées les premières barricades. On dépava les rues. Paris, en quelques heures, privé de tous ses reverbères, et complètement barricadé, était devenu imprenable. Ses ennemis, après en avoir acquis la conviction, évacuèrent les points qu'ils occupaient, ne gardant que le Louvre, les Tuileries et leurs environs. Les Suisses se placèrent aux étages supérieurs, pour se donner le cruel plaisir de tirer sans danger sur le peuple. Mais ces derniers efforts étaient désormais inutiles. La question était résolue.

Le 29 au matin, les gardes nationaux occupaient l'Hôtel-de-Ville. Le drapeau tricolore était partout ; les citoyens n'avaient plus que peu de combats à livrer pour posséder la ville toute entière.

insurrection, qui de moment en moment prenait un caractère plus terrible, rien ne put ébranler sa résolution. Ce fut, quand le bruit de la mitraille avait cessé, quand le triomphe de la cause populaire fut devenu définitif, quand toute mesure de conciliation devait naturellement rester sans succès, ce fut alors seulement que, reculant épouvanté devant son propre ouvage, il tenta une transaction, proclama les ordonnances frappées de nullité, s'engagea à former un nouveau ministère composé d'hommes populaires. Cette proposition fut accueillie comme elle méritait de l'être. Il est trop tard, répondit le général Lafayette, et cette réponse, sanctionnée par l'opinion publique, éleva entre le peuple français et la royauté légitime une barrière désormais infranchissable.

En effet, il était trop tard ; tant de sang n'avait pas été répandu pour obtenir quelques faibles concessions, arrachées au désespoir par violence, et qui plus tard auraient été de nouveau disputées par un pouvoir qui ne se tenant jamais pour battu, aurait saisi la première occasion pour prendre sa revanche. Assez de déceptions, assez de mécomptes, assez d'un système qui, impuissant à rallier les sympathies populaires autour de son étroit despotisme, essaie d'obtenir par la violence ce que lui refuse la conscience de tout citoyen jaloux de ses droits.

Le 29 juillet, le peuple avait remporté une victoire décisive après une attaque des plus chaudes, les Tuileries étaient tombées au pouvoir des citoyens, le Louvre, les mairies, les casernes, la ville toute entière avait été occupée par la garde nationale. Le drapeau tricolore flottait sur tous les édifices publics, une commission municipale siégeait à l'Hôtel-de-Ville. C'est là que figuraient les Lafitte, les Audry de Puyraveau, les Mauguin, ces hommes qui, pendant ces trois jours de lutte, délibérant avec un calme et une tranquillité qui paraissent incompatibles avec les dangers qui les environnaient, pourraient donner un formel démenti à ces prétendus sauveurs de la patrie qui ne parurent que lorsque le calme eut succédé à l'orage, à ces prétendus sauveurs qui, attendant pour rompre le silence, que tout fut terminé, ont exploité, au profit de leur intérêt personnel, une révolution faite au nom de la souveraineté populaire, en ont faussé les conséquences, et l'ont réduite aux mesquines proportions d'un intérêt purement dynastique.

A côté de ces citoyens honorables, paraissait Lafayette, Lafayette dont le nom était si populaire, qui, après avoir joué un rôle si actif dans la guerre de l'indépendance américaine et dans notre révolution de 89, était sorti pur et honoré de cette double lutte, Lafayette qui, dans ce siècle de convictions chancelantes, de caractères indécis, sans consistance et sans vigueur, conserva jusque sous les gouvernemens les plus despotiques, les opinions de sa jeunesse. Lafayette venait de réorganiser la garde nationale de Paris[1], et malgré son âge avancé, il en avait accepté le commandement. Voici la noble et chaleureuse allocution qu'il adressait à ses camarades :

...... La confiance du peuple de Paris m'appelle une seconde fois au commandement de sa force publique, j'ai accepté avec dévouement et avec joie les devoirs qui me sont confiés, et de même qu'en 1789, je me sens fort de l'approbation de mes honorables collègues, aujourd'hui réunis à Paris; je ne ferai point de profession de foi, mes sentimens sont connus. La conduite de la population parisienne, dans les derniers jours d'épreuve, me rend plus que jamais fier d'être à sa tête. Vive la liberté, vive la patrie.....

Oui, elle fut belle, elle fut sublime, la conduite de la population parisienne; oui, le peuple fut sublime de courage et de modération ; oui, tout homme que n'aveugle point l'esprit de parti, doit reconnaître les immenses progrès que nous avions faits depuis quarante ans dans la carrière de la civilisation , et tout citoyen qui tient à l'honneur de sa patrie , dut être fier d'appartenir à une nation où le prolétaire faisait preuve d'une si étonnante moralité, à une nation où , au sein du désordre et de la confusion qu'entraîne un bouleversement social, les propriétés étaient sacrées, les personnes inviolables, et la population pure de tout excès.

Voilà le caractère le plus remarquable, le plus saillant de la révolution de juillet ; la haute moralité qui la caractérise lui assure un rang supérieur à toutes les révolutions passées. Mais hâtons-nous de le dire, que la juste admiration que nous inspire le parti vainqueur, ne nous fasse pas mettre dans nos appréciations sur le rôle qu'y joua le parti vaincu, une partialité qui ressemblerait à de l'injustice. On a dit à la tribune que la conduite de Charles X avait été celle d'un tyran altéré du sang français, qu'il avait surpassé Charles IX en barbarie et en férocité. C'est pour le moins une exagération qu'excuse à peine l'enivrement de la victoire; je l'ai déjà dit, Charles X était opiniâtre dans ses résolutions. Les préjugés de l'éducation, les hommes dont il était entouré, tout avait concouru à nourrir et à fortifier dans son esprit des idées étroites et fausses sur l'autorité absolue des rois, sur l'obéissance passive des peuples. Convaincu qu'un roi qui acceptait des conditions avilissait la majesté du trône, il voulut en finir avec le régime constitutionnel qui, le mettant sous la dépendance des autres pouvoirs de l'état, le forçait à n'être que l'instrument de leurs volontés,

il crut qu'il y avait du déshonneur à accep-
ter ce rôle secondaire, à tout prix il voulut
briser un joug contre lequel se révoltaient
ses opinions personnelles. Ces principes
étaient faux, ces opinions absurdes ; celui
qui avait la prétention d'acclimater en
France, au dix-neuvième siècle, le dogme
de l'obéissance passive, ne pouvait être
qu'un homme bien ignorant, qu'un esprit
bien étroit, qu'un intelligence bien bornée.
Mais enfin cette conviction était sincère,
comment donc, avec de pareilles doctrines, avec un pareille caractère, aurait-il
reculé devant l'insurrection, comment
cette volonté qu'il avait proclamée immuable aurait-elle fléchi en face d'une population soulevée, comment n'aurait-il pas été
persuadé qu'en réprimant la révolte, il ne
faisait qu'user d'un droit légitime ? Appré-

cions donc à leur juste valeur ces noms odieux de monstre et de tyran sanguinaire ; certes, si un parallèle entre les événemens d'alors et les événemens récens, ne parraissait pas une disgresion étrangère au sujet qui nous occupe, nous dirions sans hésiter : Charles X crut que son honneur, l'avenir de sa dynastie et du principe qu'il représentait, lui commandait de réprimer l'insurrection ; mais au milieu de cette lutte, les propriétés furent respectées, des personnes inoffensives, des enfans, des femmes, des vieillards ne furent pas lâchement immolés, on ne commit pas de sang-froid d'épouvantables assassinats ; en un mot, nous ne fûmes pas témoins de ces scènes déplorables qui, quatre ans plus tard, ont ensanglanté Lyon et Paris, et fait jeter à la France un long cri de douleur.

Soyons justes , même avec nos adversai-
res. C'est le seul moyen d'arriver à la con-
naissance de la vérité , et d'assurer à l'his-
toire ce caractère d'impartialité, sans lequel
elle n'est plus qu'un tissu d'exagérations
et une suite de mensonges.

Après avoir jeté un coup d'œil sur ce
drame immense, il nous reste à déterminer
son caractère et sa portée.

La révolution de juillet fut-elle une révolution sociale , ou purement politique ?
S'agissait-il de changer les bases de l'organisation sociale, ou bien n'était-il question
que d'un remue-ménage dynastique ? La solution de ce problême est très importante.
Ce sera notre point de départ, pour appré-
cier si cette révolution a été bien ou mal
comprise par les hommes qui se sont
succédés au pouvoir.

Le plus léger examen suffit pour nous convaincre que la révolution de juillet a été éminemment sociale. Ces idées de réforme et de progrès, qui s'étaient fait jour en 89, et qui trouvèrent dans la Constituante des échos si nombreux et de si dignes interprêtes, ces idées qui avaient été comprimées par l'empire et la restauration, subsistaient toujours, ardentes, énergiques, prêtes à faire irruption dans la société. C'est au nom de ces idées de progrès et de civilisation que la révolution de juillet s'était accomplie ; il s'agissait de faire pénétrer dans la législation, ces principes de liberté qu'avait formulés la Constituante. Il est vrai que, pendant quinze ans, le libéralisme de toutes les nuances, s'était borné à répéter qu'il voulait la Charte, toute la Charte, rien au-delà de la Charte;

mais il faut faire la part des circonstances. Le libéralisme pouvait-il faire autrement ; pouvait-il se placer sur un autre terrain ; demander l'exécution pleine et entière de la Charte de 1814, n'était-ce pas le seul rôle qu'il lui fut permis de jouer?

Oui la révolution de juillet fut éminemment sociale, liberté de discussion, extension des droits électoraux, réformes industrielles et économiques, tel était le programme tracé par la révolution de juillet. Substituer aux fictions constitutionnelles, la réalité du gouvernement représentatif, voilà la mission qu'elle léguait aux législateurs à venir. Ainsi on ne peut se méprendre sur son caractère et sa portée, et si l'on avait besoin d'une preuve décisive et sans réplique, il suffirait de citer ces doctrines si hardies sur la propriété, cette foule innombrable de théories et de systèmes, qui soulevant les questions les plus élevées de l'ordre social, atteste, de la manière la plus frappante ce désir d'améliorations et ce besoin de réformes qui travaille la so-ciété.

Ainsi ce fut véritablement une révolution sociale. C'est en vain qu'on nierait une vérité dont la démonstration et si facile, pour échapper aux conséquences qu'elle entraîne. C'est en vain qu'on essaierait de fermer la bouche à ceux qui la proclament, en les traitant de factieux et d'anarchistes. C'est en vain qu'on prétendrait l'étouffer sous le poids des sophismes. Elle se reproduira toujours, palpitante d'intérêt, elle aura toujours le privilége de remuer les esprits, d'occuper les intelligences, jusqu'à ce qu'elle soit accueillie par les gouvernemens comme elle mérite de l'être, jusqu'à ce qu'elle reçoive une large application.

Alors on était fondé à croire que la révolution de juillet serait ainsi comprise, et qu'une ère de rénovation allait s'ouvrir, et donner une juste satisfaction aux intérêts moraux et matériels de la société. Encore un peu de temps, et l'on pourra se convaincre combien cet espoir a été déçu.

CHAPITRE II.

Lieutenance générale du royaume. — Abdication de Charles X.

Cependant le 30 juillet, les députés présens à Paris s'assemblent comme la veille, chez M. Laffite. Le calme s'est rétabli dans la capitale, les magasins sont ouverts, les marchés sont approvisionnés : en un mot tout a repris son calme accoutumé. Dans ces circonstances on s'occupe de l'organisation d'un nouveau gouvernement. Les opinions des honorables sont divisées. Chacun discute avec chaleur le mode de gouvernement qui est le plus conforme à ses sym-

pathies. Enfin après de longues et mûres dé-
libérations, le choix tomba sur Louis-Phi-
lippe, duc d'Orléans. La lieutenance générale du royaume lui fut déférée; fixât-il les
regards de cette assemblée, parce qu'il était
Bourbon, ou quoique Bourbon, c'est ce que
j'ignore, c'est ce qui me paraît aujourd'hui
une question tout-à-fait oiseuse, malgré l'im-
portance qu'y ont attaché certains personna-
ges politiques, et les controverses qu'elle a
soulevée. On fit valoir son attachement au
principe révolutionnaire, sa conduite à Jem-
mapes et à Valmy. On traita légèrement,
on laissa passer presqu'inaperçues des ob-
jections qui cependant auraient mérité une
attention plus sérieuse. A côté de ces faits
qu'on citait avec tant de complaisance
comme une preuve sans réplique du pa-
triotisme de Philippe d'Orléans, ne s'en

plaçait-il pas d'autres d'une nature toute différente? Dans certains cas, la conduite du prince n'avait-elle pas été au moins équivoque? N'était-il pas convenable d'éclaircir ces soupçons? Si les bruits qui avaient circulé à cet égard n'étaient réellement inspirés que par la malveillance et par la haine, ne devait-on pas au moins quelques explications? Etait-il vrai que Philippe d'Orléans avait porté les armes contre la France? Etait-il vrai qu'il n'était rentré en grâce auprès de la branche aînée, qu'à force de génuflexions et de promesses d'un inviolable dévouement? Il valait bien la peine d'examiner ce squestions avant de prendre un parti ; il s'agissait de savoir si l'on donnait pour chef à la France un ami de la cause révolutionnaire, un homme digne de la haute mission qui lui était confiée dans ces circonstances solemnelles, ou bien un homme dont le dévouement n'était rien moins que certain; dont le caractère avait plié au gré des événemens, dont les anté-cédens ne pouvaient offrir aucune garantie. Certes, une assemblée qui ne se donnait pas même la peine d'effleurer des questions de ce genre, assumait sur sa tête une ef-frayante responsabilité. Jusques à quand les hommes les plus graves seront-ils sourds aux enseignemens de l'expérience!

Mais, dira-t-on, cet acte fut le résultat de la nécessité, d'une impérieuse nécessité. Pouvait-on faire autrement, sans éveiller des inquiétudes, sans compromettre la paix publique? On ne voulait ni de l'empire, ni de la légitimité, ni de la république. La me-sure qui fut prise alors n'était-elle pas dictée par la prudence; la nécessité d'un gouvernement régulier ne se faisait-elle pas sentir?

A cet égard, nous dirons notre pensée toute entière, sans réserve et sans restriction. Non, on ne voulait pas de la légitimité. Ses prétentions, sa conduite récente avaient établi un mur d'airin entre elle et la France. Plus d'espoir, plus d'avenir pour elle; son heure avait sonné, il restait un rejeton de cette antique race, qui, encore enfant, ne pouvait avoir démérité. La France, en le proscrivant, en lui fermant à jamais le chemin du trône, ne fut pas injuste et oppressive, elle ne céda pas à un sentiment d'irritation et de haine contre un enfant. Sa détermination fut dictée par de hautes et puissantes considérations; elle voulut rompre d'une manière irrévocable, définitive avec le dogme de la légitimité, avec ce dogme faux et vi-

cieux, avec ce principe absurde, en déshar-
monie avec nos progrès, et qui ne pouvait
désormais enfanter que des malheurs et
des discordes. Ainsi on ne voulait pas de
la légitimité. Napoléon II n'était pas da-
vantage un signe de ralliement, la gloire
militaire avait disparu avec l'empereur;
était-il donné à Napoléon II de la ressusciter? Héritier d'un nom si beau, était-il l'héritier de ce génie prodigieux? Et d'ailleurs,
l'expérience ne nous avait-elle pas appris
à préférer la liberté à la gloire? La république n'avait pas non plus jeté en France de fortes et de profondes racines.
Sans doute, la république, dans un temps
plus ou moins éloigné, doit envahir la
France et l'Europe, tous les esprits de quelque valeur, toutes les intelligences élevées
l'appellent de leurs vœux, parce qu'elle

seule peut réaliser le progrès social sous toutes ses faces, parce qu'elle seule peut faire régner la justice et enchaîner l'arbitraire; les masses populaires l'appellent aussi de leurs vœux, parce qu'elle peut seule, en brisant le monopole électoral, en détruisant le privilége, donner à tous les intérêts le moyen de faire entendre leurs réclamations, et hâter le moment où doit disparaître la misère, cette plaie hideuse qui nous dévore et qui nous ronge. Mais je le répète, en 1830, la république comptait peu de partisans. Par une contradiction qui ne peut trouver d'explication que dans l'expérience malheureuse que nous en avions faite, on voulait des institutions républicaines, et cependant la forme républicaine était généralement proscrite, on accueillait avec enthousiasme les idées républicaines, et cependant le nom de republique, les formes républicaines ne trouvaient que de la défaveur.

Voilà l'état des partis en France, voilà ce qui persuada à ceux qui se chargèrent de l'organisation d'un gouvernement nouveau, qu'en faisant tomber leur choix sur Philippe d'Orléans, ils faisaient une démarche qui ne pouvait être que favorablement accueillie; et voilà, à notre avis, en quoi consistait leur erreur. De ce que la France n'adoptait aucun des trois régimes dont nous venons de parler, de ce que, ni la république, ni Napoléon II, ni la légitimité, ne ralliaient les sympathies générales, fallait-il conclure de ce fait qu'on pouvait, sans l'aveu de la nation et presqu'à son insu, avoir recours au premier venu? Des députés sans mandat pour régler les destinées de la France, dans la position nouvelle ou elle était placée , des députés dont les pouvoirs étaient loin d'avoir cette étendue, avaient-ils le droit de se constituer ainsi les organes de nos besoins et de nos vœux? Avant de faire en faveur de Philippe d'Orléans cette première démarche, qui devait nécessairement en entraîner une seconde plus décisive, il fallait examiner si ce nétait pas usurper un droit qu'il n'appartenait qu'à la nation d'exercer. Et en effet, une révolution venait d'avoir lieu, la souveraineté populaire venait de triompher; dans cette circonstance, n'était-il pas naturel qu'on fît un appel à cette souveraineté victorieuse ; n'était-il pas juste qu'elle fut appelée à décider, par l'organe d'une assemblée de son choix, les questions qui se rattachaient à l'organisation de la société ? On n'avait rien à craindre pour la tranquillité publique, puisqu'il existait déjà un gouvernement provisoire, mais ce qui était à craindre, c'est que la France étrangère à ce débat ne ratifiât pas un choix où des hommes sans mandat étaient seuls intervenus.

Hommes imprévoyans, vous ne songez pas que vous vous chargez d'une immense responsabilité. A chaque faux pas de celui à qui vous accordez une si aveugle confiance, que de haines, que de mécontentemens vous allez accumuler autour de vous, si l'homme pour qui vous répondez avec tant d'assurance, reste au-dessous de sa mission, attendez-vous, vous et votre héros, à des attaques de tous les jours, et prenez-vous en à vous seuls des maux enfantés par votre imprévoyance.

Ces considérations si simples et si propres à frapper les intelligences les plus
vulgaires, n'exercèrent aucune influence
sur les déterminations de l'assemblée; elles
n'obtinrent pas même l'honneur d'un débat. Une députation fut envoyée au prince;
celui-ci, retiré à Neuilly pendant tout le
cours des événemens, résistait encore aux
sollicitations dont il était l'objet, il mettait
en avant son goût pour la vie privée, et sa
répugnance à changer une existence pai-
sible contre une existence agitée. En
voyant si peu d'ambition chez un homme
qui cependant pouvait avoir des prétentions fondées, les instances devinrent plus
vives et plus pressantes. Un pareil refus
n'était-il pas sans exemple? une semblable
modération n'était-elle pas sans modèle?
Un citoyen qui pousse si loin le désintéres-